Sarah Kiyanrad

JAHRE NACH DIR

Gedichte

sujet verlag

CIP - Titelaufnahme in die Deutsche Nationalbibliothek

Sarah Kiyanrad
Jahre nach dir
ISBN: 978-3-96202-064-4

Satz und Layout: Friederike Langwasser
Titelbild: Farnaz Masoumzadeh
Fotografie von Antoin Sevruguin; The Myron Bement Smith Collection.
Freer Gallery of Art and Arthur M. Sackler Gallery Archives.
Smithsonian Institution, Washington, D.C.
Druckvorstufe: Sujet Verlag, Bremen
Printed in Europe
1. Auflage: Herbst 2020

www.sujet-verlag.de

INHALT

BABEL AUF DEM BERG

Babel auf dem Berg
Den Propheten meiden
Dich beherrschen dich bannen
Sieben spitzer Zungen Gesetze
Gold getünchte Kinder
Schimpfen in silbrigen Sprachen
Über rubinrot blutende Knie

Babel auf dem Berg
Den Propheten meiden

Im Tal murmeln sie Dort oben
Kreischen die Krähen Litaneien
Dort oben murmeln sie im Tal
Und schweigen deinen Namen
In der Steppenraute Schwaden

Babel auf dem Berg
Den Propheten meiden

Dichte Reben beschirmen dich
Früchte aus ferner Dichterstadt
Gelesen von wortkargen Gästen
Getrocknet auf deinen Dächern
Vergöttert unten im Tal

Babel auf dem Berg
Den Propheten meiden

Sachte tasten erste Gedanken
Nach den Zeigern deiner Zeit
Unter dem Laub der Dekaden
Verkümmern die Wurzeln und
Deine Triebe treibt es ins Tal

Babel auf dem Berg
Zittert vor der Prophezeiung

Dich beherrschten dich bannten
Sieben spitzer Zungen Gesetze
Gold getünchte Kinder
Schimpften in silbrigen Sprachen
Über rubinrot blutende Knie

FRÜHLING

Über Nacht ist auf Beton
Ein Riesenrad erblüht wo
Gestern Kasernen waren
Wir heute nach Endlagern
Strahlender Zeiten suchen
Zuckerwatte drängt sich
In Bus Nummer 27 fährt mit
Am vielstöckigen Grau
Entlang packt mich
Bei der verdrängten Utopie
Es wäre doch alles gut
Führst du Wilde Maus
Fändest ein Geschäft weiter
Auf verpixeltem Bildschirm
Die tropfend lachenden
Gesichter royaler Familie
Wenn du weinen könntest
Der wichtigsten Sache wegen
Die frische Beule der Roller

Der das Bobbycar überholt
Bei Dunkelheit dreht sich das
Riesenrad mit großen
Müden Menschen
Bis zum Ende der Nacht
Vor sich selbst versteckt
Jogginghosen oder H&M
Cowboykostüme aus Plastik
Das bald versprochen
Im Ozean treibt bald in
Magensäure versprochen
Einsam palavern zuhause
Die Radios halbstündlich
Von Toten und Konflikten
Die sich neben dem Riesenrad
Für ein paar Minuten
Prima aus der Seele
Kotzen lassen während
Im Hintergrund sachte
Die Kasernen auferstehen

VIGILIA

Unter Ruinen atmen die Toten
Seit Jahren
Diese Stadt hat den Horizont
Verloren
Und alle Frauen ihre Männer
Alle Frauen
Ritzen sich mit Fingernägeln
Die Wangen auf
Ballen die Fäuste zum Himmel
Aus Staub
Atome einst gewesener Häuser
Regnen nieder
Auf Asche Asche Asche und
Splitter
Schatten versengter Kiefernzapfen
Aleppo
Wo Gott mit dem Frieden starb
Blieben
Nur Krieger und Zivilistinnen übrig

Bleiben
Nur Tote und Überlebende
Auf der Suche
Nach dem Brunnen der Zukunft
Ertränkt
Durchstreunen Katzen verwaiste
Gassen
Auf der Suche nach einer anderen
Geschichte
Durchblättern die Alten die Zeit
Davor
Erhängen ihre Gegenwart
Am Hätte

Zu alldem schweigen die Waffen

JULIE (VERSUCH EINER ENTSCHULDIGUNG)

Ich bin jetzt 33
Julie
Und im Fernsehen läuft
Ein Film
Über ostdeutsche Kunst
Obwohl ich hätte wissen müssen
Warum man Häuser baut
Türen öffnet
Und Freundschaften schließt
Ließ ich dich damals
In der pittoresken Stadt
Im Regen stehen
Dort lebst du wohl heute noch
Julie
Und obwohl ich inzwischen
Mit 33
Weiß warum man Häuser baut
Türen öffnet und
Freundschaften schließt

Bleibt mir fremd
Mich zu gewöhnen
So fremd
Julie
Wie wir einander nie waren

WALD OB DER STEIGE

Am spitzen Mund
Versickert die Linie
Rinnsal plätschernd
Aus der Nasenwurzel

Mit welchen Träumen
Er wohl herkam
Der Geist aus Eritrea
Der Körper groß
Die Schultern geduckt

Aus dem Wald zieht er
Eine grüne Kiste Flaschen
Ohne Bier
Auf der anderen Seite
Läuten weiß die Glocken

In sich gekehrt verdichtet
Sein Anblick was

Man sehen muss nicht
Sehen möchte
Dass er einen Krieg
Gegen einen anderen
Getauscht hat

Der Blick sticht in den Boden
Hinterlässt Abdrücke
Einsamer Enttäuschung
An allem was vorübergeht
Bleibt der subtile Geruch
Von Verachtung haften

DER WUNSCH SICH AUFZULÖSEN

Der Wunsch sich aufzulösen
Nagte jeden Tag an dir
Nagte Kinder anderer Zeiten
Zusammen nagte deine Seele
Wund deine Wangen leer
Und deine Hoffnung
In Stücke
Der Wunsch sich aufzulösen
Ließ nicht alle überleben
Und nicht alle warst nicht du
Nicht alle warst nicht du
Waren andere und sobald
Aus dem Alphabet dein
Name fällt er an einer
Schmalen Lippe keimt
Weckt die kühle Angst
Vor dem Wunsch sich
Aufzulösen
Das unsterbliche Nagen auf

Greift deine knochenweiße
Hand
Aus dem Nichts vergeblich
Nach Heilung derer
Die sich dir heute
Entgegennagen
Emma deine versunkenen
Augen wie viele Schätze hätten
Sie noch heben können

AMAZONE

Du wolltest nie eine Heldin sein
Hast deine Ängste sorgsam
Mit der Flasche aufgezogen
Und deine Gedanken selten
An den Zungenrand oft zur
Verzweiflung geführt
Deine Ideale bedachtest du
Mit Fragezeichen sie glichen
Den flackernden Pupillen
Im Dunkel deines Gesichts
Dass du eine werden musstest
Liederliches Orakel
Als du schon den Schild trugst
Und die Streitaxt am Gürtel
Weil dein Körper rebellierte
Dann in Gamma strahlte
Vererbte Wahrscheinlichkeit
Gewissheit geworden war
Beim ungleichen Duell mit

Deinem Dämon lerntest du
Eine andere Zeitrechnung
Den Nullpunkt
Neue Wege in bekannter Stadt
Neue Schwestern kennen
Deren Spiegelbilder deinem bald
Tröstlich glichen
Deren Tote deinen
Untröstlich glichen
Deren Tode dich
Untröstlich machten
Du wolltest nie eine Heldin sein
Jetzt siegst du für deine verletzten
Amazonen

MALIHES LÄCHELN

~~Es war einmal es war keinmal~~
Ein Granatapfelmund
Gefallen von einem Baum
Diesseits des Oxus
Jenseits der Lethe
Ein Mund gesät unter
Das Karamellbraun
Niedergeschlagener Augen
Die ihm das Sprechen
Abgenommen hatten
Als die Schritte aus dem zweiten
In das dritte Land fielen
Vergaß Malihe ihren Namen
Hängte auf offener See
Die Kindheit an einen Zweig
Des Baumes der ihr einst
Diesseits des Oxus
Jenseits der Lethe
Eine Zukunft versprochen

Behielt ihn vergessen als sich
Der Granatapfelmund
Worte abrang die sich
Im Stakkato ihrer Welt verirrten
Malihes Zunge stolpert über
Seidenes Wurzelwerk
Wege kriechen
Aus dem Jetzt zurück
Aus dem Zurück ins Hier
In die Schneckenhäuser
Des unsichtbaren Kindes
Dem sie einst
Diesseits des Oxus
Jenseits der Lethe
Eine Zukunft versprochen
Ihre holzigen Hände schlagen
Schneller als ihr Herz
Treffen den nach ihr geformten
Granatapfelmund
Der leise singt
~~Es war einmal es war keinmal~~

FREITAG BEI THALIA

Freitag läutet die Glocken
Stimmt an
Die vertraute Melodei

Finger erreichen Schläfen
Die Gedanken
Lassen sich nicht kaschieren

Im Herbstregen reicht Freitag
Ihr die Hand
Führt sie in das Zimmer

Das Zimmer in dem sie nach
Embryo und Willen
Zuletzt den Glauben verlor

Sie lacht in die Leere dann
Schreit sie auf
Fällt wieder ins Lachen zurück

Hinter der Stirn vermauern sich
Die Szenen
Zu einer Brandwand aus Weh

Verflucht bei jedem Atemzug
Freitag ist
Ihr Schatten auf der Welt

Nirgends wo sie ihn hinträgt
Bleibt er zurück
Freitag singt ihre Melodei

HÄNGEND

Vor allem
Hätten sie ihn gerne angeschrien
Vor allem
Raunt ihnen in mancher Nacht
Der Nebel zu
Wollte er sich gerne
Nicht mehr anschreien müssen

Dass ihm das passierte
Ihnen
Auch mir
Nie erzählte ich es dir

Nie von ihm
Der Jahre zuvor adieulos
Davonschlich
An einem Nachmittag
Davonschlich
So nannten sie es
Eine Mutter und zwei Kleine

Einer Mutter und zwei Kleinen
Schlich auch deiner davon
Und hätte ich es nur gekonnt

Wäre ich statt
Die Tür zu schließen
Gerne für dich
Da gewesen

WEIßE DECKE

Im Frühjahr kurz
Vor dem Neujahrstag
Ging dein Schatten
Schwarze Ahnung
Am Rand des roten Sofas auf
Ich werde gehen
Behauptete dein Blick
Zwang zu lesen dass
Das Leben
Sein Ende in sich trägt
Bei gekochten Birnen Zimt
Und Nordwind
Beschworst du das Meer
Des kaspischen Sommers
Bis der Teppich zu Sand verfiel
Im Herbst
Sind dir die Züge
Der Zimmerdecke
Vertrauter als das graue Spiegelbild

Nennst du den Schlaf
Deinen letzten Gefährten
Ohne Stirnrunzeln
Alle haben ihn
Kennengelernt durch
Fingerritzen gemustert
Den Gedanken
An die Welt ohne dich
Wenig später ohne uns
Im Winter kurz vor
Dem Schnee
Bleiben dem roten Sofa
Nur salzige Körner eines
Alten Glaubens
An Wunder

ENDSTATION AM RANDE DES BERGS

Die Uhr steht auf halb zwei
Morgens um acht
Und letzte Woche
Nächsten Montag
Und auch um halb zwei

Mit rauem Pinsel zeichnen die Tage
Falten ins Antlitz der dem Schleier
Verfallenen während sie beharrlich
Die angekettete Konservendose
Mit den Resten ihrer Tage füllen

Abseits kauert die ergraute Braut
Kranker Vogel im löchrigen Nest
Vor dem Flimmern der Bewegten
Lehnt stoisch die Stirn an den Wagen
Der Stolz und leere Flaschen frisst

Hinter dem betrunkenen Kiosk
Stecken die Jungs ihre Träume an
Begraben brodelndes Geschirr
Eingesargt in Hoffnungslosigkeit
Im frischen Gras

Wer kann sieht weg
Und steigt aus
Und steigt ein
Und sieht auf die Uhr
Sie steht auf halb zwei

BALLADE VOM UNTERGEGANGENEN DORF

für meine Großmutter

Federn lassen
Eine um die andere
Uns allein
Flügge gerupfte Hühnchen
Erinnerungen wie
Krähenfüße
Krallen sich in Wolken
Partituren
Fern von Böhmen

Ruh Stein ruh

Dass du verlorst
Wonach alle suchen
Merkt man dir nicht an
Wäre da nicht das
Zarte r
In dem die Zither klingt

Die dunkle Haut
Dein Duft nach Freiheit
Im satten Grün

Ruh Stein ruh

Wäre da nicht
Der in Hefeteig
Geknetete Transporter
Das verstummte Lied
Der Schlagbaum
Vor dem Bruder
Und das Mädchen
Das nach der Schule
Die Hände aufhielt

Ruh Stein ruh

Und hättest du
Nicht verloren
Wonach alle suchen
Wären da keine
Flügge gerupften Hühnchen
Kein liebevolles Zeichnen
Deiner Spuren
An den Himmel
Fern von Böhmen

JAHRE NACH DIR

Seit du fehlst
Angle ich im See der Erinnerung
Nach vergangenen Stunden
Seit du fehlst
Bin ich nur noch aufgewacht
Und nie mehr eingeschlafen
Ich taste im Rauch
Nach deiner Lippenform
Frage den Pflaumenbaum
Nach deinen Füßen
Die Worte nach deinem Ton
Erde nach deinem Gewicht
Verlassenes verbündet sich mit mir
Abgegriffene Patiencekarten
Bewahren deine Ungeduld
Briefmarken deine Spucke
Und der gestohlene Einkaufswagen
Eine letzte Münze aber
Ohne dich

Dreht sich auch nach Jahren noch
Keine Pyramide
Und das Kerzenwachs
Wartet jeden Winter
Auf deine preußisch strengen Finger

LEERE RAHMEN

Unsere Worte ruhen
Von fremden Händen
Verschnürt
Achtlos
Auf halbbrüderlichem Tisch

Der gierigen Linse
Offenbarst du
Nicht mehr als die Netze
Deiner Augenlider
Unstreichbare Segel des Widerstands

Füllst die Körner
Deiner Sanduhr
Mit Plänen
Einer Zukunft
Die rasch verrinnt

An der ewigen Wand
Des geteilten Zimmers
Warten Nägel
Auf Rahmen die dich
Zu fassen vermögen

Die Drossel beschwört
Hinter geviertelten Blau
Deinen Namen vergeblich
Du kennst nur
Die Sprache der Bäume

AUSFLUG H

An einem nicht fernen Tag
Nähe ich dir vier Flügel
Die deine Ängste tragen
Während du entgegen dem
Buch der Omen
Über Kronen schwebst
Wohin die letzte Schrift
Ein Foto eine Farbe
Dich sinnen ließ
An einem nicht fernen Tag
Knete ich dir Tausendmeilenstiefel
Aus Türkis
Die dich halten während du
Für einen alten Traum
Über den Pazifik springst
Von sieben Metallen
Schmiede ich dir
Eine Leiter aus Vergangenheit
Auf deren Sprossen

Kühler Wägbarkeit
Du getrost
In die Zukunft steigen kannst

KÄFIG

Zwanzig Stäbe formen
Diesen behüteten Käfig
Versperren dir zwanzig Mal
Ein Jahr allzeit verloren
Die surrende Luft haben
Andere vorgeatmet atmen
Dir Gleichende anders nach
Kaffeeflecken und Unrat
Auf deinem Ultramarin
Behandeln Unbekannte
Noch der kleinste Fehler
Wird dir vorweggedacht
Längst fremdeln die Füße
Mit Straßenschuhen
Vom Draußen siehst du
Wege aus Frühling Sommer
Auch Herbst
Gepinnt an schroffe Tapeten
Auf schrägen Wänden

Die nichts gehört haben
Dieses taube Haus
Reißt du jede Nacht ab
Wirfst mit den Stäben
Zwanzig neue Horizonte
Bis dich früh um halb fünf
Eine Hand zur Dusche
Geleitet in deinem wohl
Behüteten Käfig

SCHUMMER

Sittsam leise
Verlaufen sich Kreise
Die ich einst ins Wasser zog
Im Fahrwasser
Meinster Erinnerung

Erinnerung
Bügelt die zerknitterten
Leintücher der Tage
Erträglich
Beschuhter Gang
Über kochenden
Asphalt

Erinnere

So wollen letzte Spuren
Katalogisiert
Wie poröse Fossilien

Studiert auf die hellblaue
Lieblingshose eine fehlende
Wunde neben der Braue
Das Gleißen in
Vergangenen Gesichtern

Verweisen

Zeit spricht
Zeit
Und fällt
In die Vergangenheit

ENTZUG

Unser Balkon gibt
Den Blick auf die Berge frei
Doch entziehen sie sich
Meist der Sicht

Mein Zagros

Jeder Schritt in deine Richtung
Gibt sich Mühe
Hinter uns zu lassen
Was wir verlieren mussten

Die Augen verbrennen
Bilder einer Wohnung
In der abends einsam
Die Klingel ruft

Wir hängen die Erinnerung
Als Lampe

Über das Abendbrot
Und löschen sie bei Nacht

Mein Zagros

Jeden Tag wanderst du
Weiter in den Süden
Jeden Tag lernen unsere Beine besser
Gegen dich zu verlieren

AMULETTSPRUCH

Toter Fluss

Lebendig werde dein Name
Deine Tropfen betten sich
Im Abstand von dreißig
Und drei mehr Brücken
In meinen Durst

Amen Amen Selah

Die Wege versanden weit
Vor den Toren deiner Stadt
Muscheln flüstern dass an
Deinem Ufer die Setar Klagen
Der letzten vielhundert Jahre singt

Amen Amen Selah

Wo wir uns berührten fiel
Blatt um Blatt die Wahrheit
Deiner Geschichte ins Nichts
Tupfte die Künstlerin Zeit dir
Das schwarze Mal ins Gesicht

Amen Amen Selah

Im letzten Jahr klagt die Brise
Liefen sie in deinen Tiefen
Spazieren fischten im Staub
Nach deinen Adern riefen
Verzweifelt deine drei Namen

Wer kam war die Flut

Toter Fluss zu Isfahan
Lebendig werde dein Name
Die Einsamkeit des Wassers
Und lebendig die Hoffnung
Die du in den Himmel wirfst

FEBRUAR

Wo deiner Mutter rissige Hände
Über Weinblätter streichen
Trauben zu Trauer vergären
Dichterinnen das Dunkel nähren
Heißt jeder Monat Februar

Bei Dämmerung schwenkt Vater
Erloschene Kohlen in seinen Himmel
Kein feindliches Feuer trägt er
Auch keine Sternschnuppen mehr
Und es ist Februar

In einem Winter wie diesem übergab
Großmutter die Niederwerfung
Für all ihre Toten dem kalten Staub
Klirrend reißt Frost alte Wunden auf
Und es ist Februar

Jeder Monat heißt Februar wo
Die Erde schwarzes Feuer spuckt
Töchter hadern Söhne Namen
Längst erfrorener Helden tragen
Und auf allen Gipfeln
Märzenbecher blühen

HIRADS KOFFER

Nach der letzten Umarmung
Hättest du noch hineingepasst
Hätte ich anstelle eines Fotos
Und bitterer Mantras
Dich mitschmuggeln können
Wenig später flog dein Koffer
Zaunkönig ohne dich
Nach Paris
Stieg in den Zug
Richtete es sich bei mir ein
Ein treuer Verwahrer seither
Von Winterpullovern
Begleiter in der Morgenröte
Blaue Laterne
Auf dem Weg zurück
Wo du gerade nicht mehr
Hineinpassen dürftest
Nun die Rückgabeforderung
Doch wo sollte dann
Unser Sehnen leben

FERUZAS PINSELSTRICH

Ozeanischer Baldachin umschließt
Die ineinander Versunkenen
Aus anderem Kalender
Drei Flügelpaare
Lassen sich
Von gleichgültigen Mienen
Unterbrechen
Gekreuzte Beine vor papiernem Rücken
Aus alten Lettern
Aus lehmigen Wänden
Tauchen im Gähnen
Des untergegangenen Tags
Im Süden des Wassers
Zupfen die Frauen
An Maulbeerkörpern
Nussiger Lauten
Schlummernde Zypressen
Wiegen den Wind
Der Leidenschaft
Aus Saba
Dir ins staunende Gesicht

ANKUNFT

Du musst jeden gesparten
Konsonanten selbst das *mīm* des *man*
In die neue Sprache
Tauschen die Erinnerung an
Fußspuren im Sand
In das Herbstlaub radieren

Sagst du du sagst du musst
Dich auf einen neuen Namen
Einen Namen aus Nebel Raben
Großbuchstaben taufen dich
Nicht länger in der Hoffnung umdrehen
Man riefe nach dir du rufst

Du musst dir die Fremde der Stadt
Zur Göttin wählen ihr Fernweh
Zu deinem Heim
Auf dass sich auf dem glatten
Morgenpfad schon jetzt
Eure Schatten berühren

STILLES BEBEN

für Khosro

Durch seine Pupillen drängen
Blicke darbender Schlangen
Wer hätte sein Denken
Zu Verfüttern
Wenn die Nacht aufgeht
Übergibt das letzte Rund
Vor dem er niederkniete
An die Klammer Skorpion
Die Zehen berühren wohl
Den Grund wissen nervöse
Takte zu spielen und doch
Die Halsschlagader pocht
Viele Längen entfernt reißt
Ein Loch ins Hungertuch der Zeit
Im Schein der Vitrinen
Weicht er dem Glück aus geübtes
Lachen heftet sich an Finger
Die morgen wieder Gläser spülen

Im Netz nennt einer ihn noch
Ostād fragt ernstlich besorgt
Wie er da rauskommen soll
Zuhause murmelt ihm nur
Der bunte Kelim Träume zu

Er antwortet nie

UNSER WALD IM MAI

Windstill siebt Blattwerk
An Mikadobäumen
Licht
Rinden rieseln
Wie
Radiergummi
Zapfen tarnen sich
Zuhauf
Farne wecken
Kitze auf und
Zecken lecken
Saft hinaus
Bäume harzen
Jogger hasten
Ihren Träumen hinterher
Mücken zücken
Das Florett
Erste Schwüle brüht
In ihr blüht

Das ein oder andere Kraut
Moos verzieht sich
Im Norden
Das Rinnsal verschwindet
Unter den Linden
Dann
Ganz plötzlich
An einer Stelle
Bricht
Brennend
Gleichgültig
Sonne sich frei

ROTER FADEN

Mit der Spule in der Hand
Durchtauche ich den Wald
Knüpfe einen Baum an
Den anderen
Salomonsknoten
Im salzigen Taschentuch
Rupfe Metaphern mit der
Wurzel aus und
Rufe der milchigen Sonne zu
Dies waren unsere Wege
Unser Blut
Auf dem Rücken wiegen
Die Tanks aus Schritten
Ungezählt sie
Vergingen gemeinsam
Nun zieht eine Hand einsam
Das rote Band hinterher
Die mir entgegenschwimmen
Atmen schwer

Leuchtende Tropfen
Fiebrige Stirn
Die Blasen steigen so hoch
Wie nur Träume fallen
Die Oberfläche ist fern

SCHAFSPELZ

Die Rehe haben ihre Angst
Vor uns
Verloren
Hinter dem Zaun warten
Sie mit Ferne im Blick
Auf die Schafspelzträger
Gitterschläger
Aus den Bäumen fällt
Der Abend
Nacktschnecken gleiten
Den Berg hinab
Bis ein Schuh sie trifft
Weißt du noch
Die roten Gruben
Im Wüstensand
Die verschluckten
Spinnen die zerdrückte
Siebenbeinige Kletterin
Vermeintlicher Fussel

Stecknadelige Schönheit
Letzter Akt ein Stück Papier
Weißt du noch
In deinen Tränen
Ertrunkene Mücken
Durch diese Gasse
Sind wir gekommen und
Wem außer uns
Sollte es
Um uns schade sein

RAUSCHENDER KELTE

Den E und den H
Eher schon
Die Initialen der Namenlosen
Alle hast du sie
Vom Horizont gestoßen
An der Alten rosten
Verliebte Schlösser allein
Rätsel entschlüpfter Stunden
Von der Goldammer
Zur Melodie notiert
Bei Abschied des Tages
Wechselt deine dunkle Zunge die Farbe
Wie wir die Jahrhunderte
Wie der Himmel das Muster
Bevor er in die Schwärze fällt
Was wissen wir schon von uns
Lass mir die Vorstellung
Dass die Dämme dich halten
Solange da jemand ist
Der dich verflucht verschmäht
Und zugleich vermisst

KARAGÖZ

Der Schritt vor den Vorhang
Es setzt sich die Sohle
Mit der Stille der Katze
Der Sicherheit des Vogels
Auf die Giebelspitzen
Sie tragen keine Galionsfigur

Vergessen was darunter liegt
Spitze Häuser über Friedhöfen
Über Häuserspitzen reihen sich
Artig bis zum Erdkern
Morgen schon werden sie
Auf frischen Knochen seiltanzen

Balancieren dunkler Gedanken
Die von allen Vergangenen gedacht
Es spinnt sich aus ihrem Zwielicht ein
Ballon der Besonnene am letzten Gut
Hoffnung
Ins Reich der Sterne zieht

AUF STATION

Sechzehn Mal geht die Sonne auf
Doch was ist im Jenseits schon
Ein Tag
Dass es nach Schießpulver riecht
Zwischen Munition die auf Alleen
Aus Sternenstaub
Patrouilliert
Nie schlafend ewiges Starren Tasten
Sensational regimes
Unter den Wolken
Ist in diesem Jahrtausend alles braun
Unter den Wolken
Stellen sie
Bräunlich glänzende Statuen
Diverser Verstorbener auf
Nur noch selten zu Pferd
Und
Schlagen bräunlich glänzenden
Statuen die verstorbenen Köpfe ab

Mästen Pferde
Spalten
Ichs in Atome suchen positive Ladung
Schlafen exakt so lange wie eine
Nacht
Starren sie an
Starren zurück in die Nacht solange sie dauert
Doch was ist im Jenseits
Schon eine Nacht

STORIA

Du strebst nach oben
Bist Verfall
Ewiger Kreislauf
Oder eben nur
Was man von dir sagt
Lehrend
Lernend verschweigend
Oder vergessen
Bevor erinnert wird
Du bist alles was war
Nichts davon
Lässt dich formen
Nach Gegenwart
Wirfst Samen
In die Zukunft
Wirst von Menschen an Orten
Verzählt
Gemacht
In dir lässt sich

Steckenbleiben
Du wirst dem Sieg nach
Geschrieben
Von Verlorenen
Erlitten beklagt
Und überhaupt
Missbraucht
Im Namen des
Ziels

WIEGENLIED

Draußen dunkelt es Menschen
Rauscht die Stadt als Meer
Wie jede andere vorbei

In Weiß Gelb Rot verfolgen sich
Auf gezeichneter Bahn
Gezeichnete Leben

Und es dunkelt Menschen

Aus Büchern banden wir
Eine Arche die uns irgendwo
Schwimmend leben ließ

Jetzt stehst du vorn am Bug
Die Haare salzig gewellt verweht
Und schneidest Wörter

Unsere Arche verliert Gewicht
Das Wasser klopft an
Klopft von Himmel und Erde

Ich habe sie Phönix getauft

Wenn die Schiffsglocke schlägt
Wird dein Schatten sich
Auf das Grab des Zurvan legen

Draußen dunkelt es Menschen

Die Taube trägt keinen Ölzweig
Dein Land ist
Auf keiner Karte notiert

Wir werden es erreichen

Im Sujet Erschienen

Kurz vor dreißig,

...küss mich

von Widad Nabi

aus dem Arabischen
von Suleman Taufiq

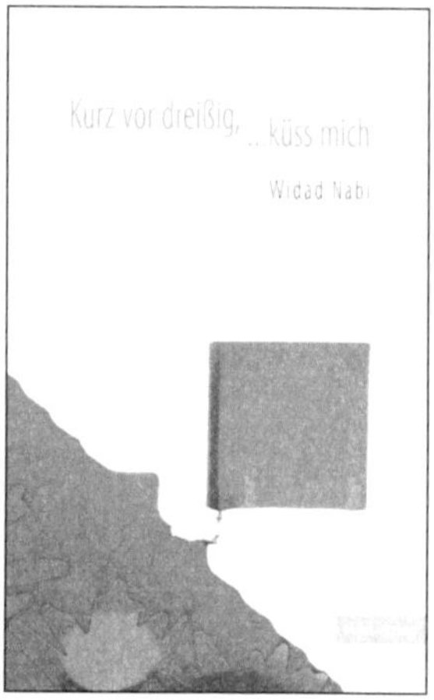

Lyrik
78 Seiten, 14,80 €
ISBN: 978-3-96202-021-7

Widad Nabis Texte erzählen von der unstillbaren Sehnsucht, vom Verlust, von Lust und Schmerz, von der Suche nach menschlicher Nähe. Sie besingen zumeist einen Moment der Nostalgie, der Zärtlichkeit und der Liebe. Ihre Gedichte, die poetisch eng mit den Ereignissen der letzten Jahre in Syrien verwoben sind, entsprechen dem Lebensgefühl vieler Menschen, die auf der Flucht sind. Das Gefühl der Fremdheit in ihrer Lyrik ist eine Metapher für die Entwurzelung und Heimatlosigkeit des modernen Menschen. Das Exil ist das Schicksal vieler Syrerinnen und Syrer geworden, aber oft auch ihre Rettung. *„Das Exil hat mich vor der Vernichtung gerettet"*, sagte sie einmal.

„Nabi schreibt Liebesgedichte, erotische Gedichte, die stellenweise immer wieder symbolisch den Krieg aufgreifen, dabei aber eine tiefe Sehnsucht nach Geborgenheit einerseits, nach Selbstbehauptung andererseits transportieren." (Gerrit Wustmann)

Wucht
von Pegah Ahmadi

aus dem Persischen
von Jutta Himmelreich

Lyrik
80 Seiten, 16,80 €
ISBN: 978-3-96202-018-7

WUCHT – Das lässt an große, beschleunigte Massen denken, die wie in einem Film in Zeitlupe aufeinandertreffen, um dann in einem Regen von Trümmerteilen und Staub mit Getöse auseinander zu fliegen. WUCHT kennt die deutsche Sprache nur voll oder garnicht, dazwischen gibt es nicht mehr viel.
Wie verarbeitet eine Lyrikerin die Flut an neuen Eindrücken und Reizen, denen sie im Exil begegnet? Ahmadi lebt seit rund vier Jahren in Deutschland. Sie thematisiert ihre Erfahrungen mit der neuen Sprache und Kultur auf eine intensive, melodramatische Weise und lässt die Leser an ihren intimsten Gefühlen teilhaben. In ihrer bildhaften, widersprüchlichen, manchmal schockierenden Sprache manifestieren sich ein schmerzhafter, innerer Kampf, das Gefühl der Isolation und Ängste, die einen Menschen in Deutschland sogar bei einer harmlosen Zugfahrt nach Würzburg beschleichen, wenn ein Verrückter mit einer Axt mit voller Wucht auf harmlose Reisende eindrischt.

Ich zähme die Hoffnung
von Suleman Taufiq

Lyrik
100 Seiten, 17,80 €
ISBN: 978-3-96202-001-9

Suleman Taufiq ist ein deutsch-syrischer Autor und als Lyriker und Erzähler, Kulturjournalist, sowie als Herausgeber und Übersetzer arabischer und deutscher Literatur bekannt. Seine Lyrik ist ein Brückenschlag zwischen zwei Kulturen - die sich so fremd nicht sein können. Sie ist eine spezielle Mixtur aus deutschen und fremden Elementen, die einander bereichern und dadurch etwas Neues schaffen. „*Ich lebe nicht in zwei Welten, ich bin zwei Welten*", sagt Taufiq. In seinen neuen Gedichten nimmt er uns mit in eine wunderbare Welt der Fremde, eine Welt mit all ihrer Vergänglichkeit, Maßlosigkeit, Wandelbarkeit, Unwägbarkeit, auf eine poetische Reise zwischen Orten, Sprachen und Zeiten.

„***was machst du***
ich zähme
die hoffnung,
trainiere
die geduld
und befreie
mich von zweifeln."

Halt aus in der Nacht bis zum Wein
Eine Auswahl der schönsten persischen Gedichte des 20. Jahrhunderts

Hrsg. Kurt Scharf

Lyrik
313 Seiten, 24,80 €
ISBN: 978-3-96202-044-6

Kurt Scharf stellt in dieser Anthologie persische Gedichte aus den Jahren 1941 bis 1979 zusammen, eine Epoche die er selbst als *Goldenes Zeitalter der persischen Lyrik* bezeichnet.
Hier kann sich der Leser einer neuen Welt annähern: einer Welt der Fremdheit und Faszination, einer Dynamik zwischen Trauer und Widerstand, zwischen Melancholie und Leidenschaft, er kann dem Rhythmus der Gedichte folgen, dem Fluss der Bilder – bis hin zu dem Zufluchtsort Wort. Er findet ihn in einer mitreißenden Bilderflut, im Doppelbödigen, in Gedichten über die Liebe und verbotene Liebesworte, über verschwiegene Häuser voller Angst, über Schnee und den Trost des Regens, über die engen Gassen der Gewalt und den Traum des Vogels im Käfig.
Die glänzende, einfühlsame Übersetzung von Kurt Scharf vermittelt deutschen Lesern einen überzeugenden Eindruck vom Klang des Originals und lässt sie unmittelbar teilhaben an Sprachkunst und Bildern, Träumen und Hoffnungen einer gar nicht so fernen poetischen Welt.

Jene Tage - Sonderedition

von Forugh Farrochsād

zweisprachig (persisch/deutsch)
Aus dem Persischen von Kurt Scharf

Cartoons von Lothar Bührmann

Lyrik
293 Seiten, 42,80 € (gebunden mit Schutzumschlag)
ISBN: 978-3-96202-007-1
limitierte Auflage, 2017

Sonderausgabe zum 50. Todesjahr der iranischen Lyriklegende
Iranische Lyrik im Wandel

Bei diesem Band handelt es sich um eine zweisprachige Sonderausgabe der Gedichtsammlung aus der Feder von Forough Farrochsād, der bedeutendsten modernen Dichterin des Irans. Die Neuauflage beinhaltet jetzt nicht nur die Gedichte auf deutscher und persischer Sprache, sondern wurde auch um neun zusätzliche Gedichte sowie um ein überarbeitetes Nachwort ergänzt. In ihrem Werk geht Farrochsād sowohl gegen literarische als auch gegen gesellschaftliche Konventionen an und bricht damit sämtliche Tabus. Sie hält die überlieferten Formen der Lyrik nicht ein und überführt die iranische Lyrik somit in die Moderne. Ihr Werk verleiht Frauen in der iranischen Männergesellschaft eine Stimme, indem in ihren Gedichten zum ersten Mal das Seelenleben einer Frau aus weiblicher Perspektive beschrieben wird. Dabei bedient sie sich eines nüchternen Realismus und einer rückhaltlosen Ehrlichkeit. ‚Jene Tage' umfasst neben frühen Gedichten auch Werke aus dem 1964 erstmals veröffentlichten Gedichtband Wiedergeburt, der nach eigener Aussage den Beginn von Farrochsāds dichterischem Schaffen markiert. Auch ihr längstes Gedicht, das postum veröffentlichte „Glauben wir nun an den Beginn der kalten Jahreszeit", ist enthalten.

Andere Jahreszeit

von Freydoun Farokhzad

Collagen von
Monica Schefold

Lyrik
162 Seiten, 12,80 € (Softcover)
ISBN: 978–3-944201–29-0
2. Auflage 2015

Freydoun Farokhzad wurde 1936 in Teheran geboren und 1992 in Bonn ermordet. Er studierte in München politische Wissenschaften und veröffentliche Gedichte in deutschen Zeitungen und Zeitschriften. Martin Walser stellte ihn in der Anthologie „Vorzeichen 2 – Neun neue deutsche Autoren" mit elf Gedichten vor. Große Popularität und Beliebtheit erlangte er als Showmaster, Sänger, Schauspieler und Dichter sowohl im Iran als auch in Deutschland.

Er beherrschte die deutsche Sprache, aber Persien beherrschte ihn. Das macht den Reiz seiner Lyrik aus. Er hat die Träume seines Landes, die Schätze seiner Tradition in die „fremde" Sprache übersetzt. Bild um Bild jener „toten Jahreszeiten" steht vor uns auf. Sie sind doppelt tot. Unendliche Räume liegen zwischen ihnen und ihm; Persien, das Land der Poesie ist in tausendundeiner Nacht vergangen. Aber Farokhzad war nicht nur ein elegischer Dichter, der träumerisch und trauernd Konturen heimatlicher Minarette nachzeichnete. Andere Gedichte gibt es, die ihn als engagierten Dichter zeigen. Poetisch behandelt Farokhzad „poesiefeindliche" Themen, und dieser Blick für das Politisch-Soziale verleiht seiner Sprache eine unerwartete Aktualität, sowohl in der Schah-Zeit als auch nach der iranischen Revolution.